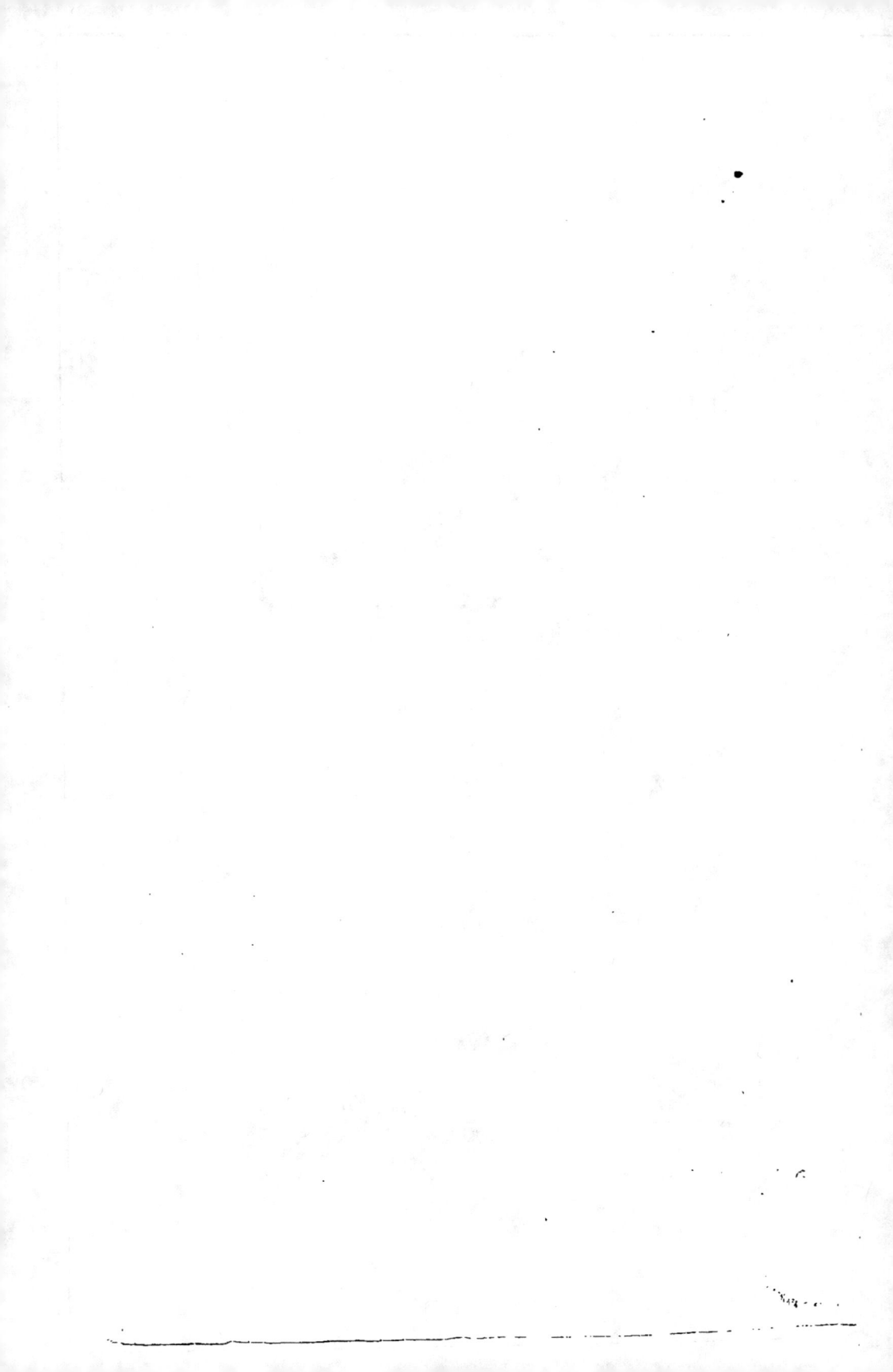

VOLTAIRE

ET

SA STATUE

OU

VOLTAIRE JUGÉ PAR LUI-MÊME,

PAR

L'abbé Louis de LA TOUR,

Chanoine honoraire d'Aire.

———

Cette Brochure se vend au profit du Denier de Saint-Pierre.

———

PRIX : 80 CENTIMES (FRANCO).

———

Paris,

L. HERVÉ, Libraire-Éditeur,

66, rue de Grenelle St-Germain.

———

Dax. — Imprimerie de Marcel Herbet.

VOLTAIRE ET SA STATUE

ou

VOLTAIRE JUGÉ PAR LUI-MÊME,

PAR

L'abbé Louis de LA TOUR,

Chanoine honoraire d'Aire.

Cette Brochure se vend au profit du Denier de Saint-Pierre.

PRIX : 80 CENTIMES FRANCO.

Paris,

L. HERVÉ, Libraire-Éditeur,

66, rue de Grenelle St-Germain.

1867

Ce travail avait d'abord paru dans un journal de province (1). Plusieurs de mes amis ont pensé qu'il serait utile de lui donner une publicité plus étendue. J'ai suivi leur conseil.

Mes lecteurs reconnaîtront, je l'espère, la modération de mon langage et l'impartialité de mes conclusions.

Presque toujours, j'ai laissé la parole à Voltaire. Mes appréciations les plus sévères sont amplement justifiées par ses aveux.

Après un siècle écoulé sur le tombeau de cet homme célèbre, on peut, sans passion, arracher le voile brillant et trompeur jeté sur sa figure, en des temps troublés, et la mettre dans son vrai jour.

Mon seul but est d'arriver au vrai et d'y conduire quelques esprits sincères.

Ces pages seront, en outre, une faible marque (2) de ma profonde vénération pour l'auguste et saint Pontife qui défend, de nos jours, avec un courage invincible, les droits de la justice et de la vérité.

L. DE LA TOUR.

Dax, le 10 mai.

---

(1) Le *Courrier de Dax.*

(2) Cette brochure se vend au profit du Denier de St-Pierre.

VOLTAIRE

ET

SA STATUE.

Une pléiade d'admirables génies avaient illuminé l'horizon littéraire de la France des plus radieuses clartés et conquis au siècle de Louis XIV un renom immortel.

Sous la plume ou sur les lèvres des Corneille et des Racine, des La Fontaine et des Molière, des Bossuet et des Fénélon, des Pascal et des La Bruyère, la philosophie, l'histoire, la poésie, l'éloquence, tous les travaux d'esprit, tous les genres de littérature avaient atteint une perfection de forme inconnue depuis l'ère d'Auguste. Et ce magnifique manteau recouvrait souvent les trésors de vérité, de raison, de sagesse qu'avait apportés au monde la civilisation chrétienne. Une femme elle-même, une grande dame de la cour du grand roi, avait, sans y penser, pris rang parmi ces hommes illustres; et, dans des lettres que la postérité s'est plu à recueillir, elle avait semé, avec une profusion charmante, toute la finesse de l'esprit, toutes les grâces du langage, toute la délicatesse du sentiment.

I.

Au moment où s'éteignaient ces grandes lumières, commençait à poindre l'étoile d'un homme qui a jeté sur son siècle de sinistres lueurs.

Doué des plus heureuses facultés, incarnation vivante, — à divers égards, — de l'esprit français, Arouet de Voltaire possédait, au suprême degré, la facilité, l'élégance, la clarté, la pénétration, l'ironie. Un style pur, transparent, limpide, plein de traits et de saillies revêtait ses pensées. Au talent de l'écrivain, il joignait les qualités brillantes du causeur vif, enjoué, spirituel, malin, plein de variété, de verve et d'intérêt.

La Providence avait prodigué le génie au 17me siècle; elle se montra parcimonieuse envers le 18me. Aussi Voltaire, inférieur aux grands hommes qui l'avaient précédé, domina-t-il son temps. Tandis que ses devanciers les plus remarquables, si l'on excepte Bossuet et Fénélon, n'avaient guère cultivé qu'un genre, l'auteur de la Henriade les essaya tous. Il est vrai que, dans plusieurs, il ne dépassa pas la médiocrité. Au théâtre et dans la poésie légère, il fut supérieur, sans égaler pourtant ni les mâles et sublimes beautés de Corneille, ni la grâce ravissante et le sentiment exquis de Racine.

Mais Voltaire, — et c'est là, selon nous, la vraie cause de son influence, — sut recueillir, avec une rare habileté, l'héritage du grand siècle.

Les victoires de Louis XIV et les œuvres de nos écrivains illustres avaient fait de la France le centre intellectuel de l'Europe. Notre langue était devenue celle de toutes les cours du monde civilisé. A l'étranger, la plupart des sociétés savantes l'avaient adoptée. A Vienne comme à Turin, à Berlin comme à St-Pétersbourg, les cercles aristocratiques et littéraires s'étudiaient à nous imiter. Tout ce qui venait de France excitait leur admiration.

Dès que Voltaire parvint à la célébrité, il entra en relations suivies avec les étrangers de distinction. Des écrivains, des savants, des princes, des souverains même devinrent ses correspondants habituels. Frédéric II et Catherine de Russie cultivèrent habilement son amitié, pensant avec raison que l'encens et les louanges d'un homme si vanté feraient accepter les injustices et les perfidies de leur politique.

Les succès de Voltaire, à l'étranger, furent bientôt dépassés par ceux que lui prodigua son pays. Les salons de la haute noblesse lui furent ouverts avec empressement; les plus grands personnages de l'Etat s'étudièrent à mériter son approbation. Il présida, sans contrôle, la république des lettres et s'arrogea le droit absolu de juger de la valeur des ouvrages et du mérite des écrivains. L'opinion publique se fit l'humble servante de Voltaire et ratifia ses arrêts, souvent arbitraires et injustes. Tout ce qui voulait compter, dans le monde de la littérature et de la science, dut subir son joug et se faire son prudent satellite, pour n'être pas écrasé sous le poids des plus violentes attaques. Et lorsque le talent ou le courage de ses adversaires lui opposa une résistance sérieuse, le grand ami de la liberté sut recourir aux armes les plus odieuses et fit appel avec succès aux inflexibles rigueurs du pouvoir (*).

Les générations d'alors, futiles et imprévoyantes, n'apercevaient dans Voltaire que le talent, l'esprit et la grâce. Elles lui savaient même gré de jeter. avec tant d'élégance, de la boue sur tout ce qui est digne de respect. Aussi, en attendant l'expiation sanglante que Dieu réservait à leur corruption, prodiguèrent-elles, jusqu'à la fin, au patriarche de Ferney le témoignage de leur enthousiaste admiration et les couronnes dont le célèbre vieillard se para la veille de sa mort.

Voltaire exerça donc sur son temps une influence considérable. Sans posséder le génie qui enfante et qui crée, il eut, à un degré supérieur, le talent qui féconde et qui embellit. Ce beau talent reçut-il une heureuse direction ? cette influence s'exerça-t-elle au profit du bien ? Nous l'étudierons dans ce travail.

II.

Le génie est le plus grand et le plus beau des dons naturels que Dieu puisse faire à l'homme. Le talent, lorsqu'il est supérieur, entoure aussi d'un vif éclat le front de l'heureux mortel qui en est doué. Il confère une puissance réelle et directe sur les esprits, indirecte sur les âmes : c'est comme un sacerdoce de l'ordre naturel ; car il assure à celui qui le possède, avec l'admiration et le respect des peuples, une influence considérable sur la société tout entière.

Mais l'homme qui reçoit du Ciel ces dons magnifiques doit en user avec conscience. Ce petit soleil, qui fait graviter dans son orbite un grand nombre d'intelligences, a le

_____

(*) La Beaumelle et Fréron furent souvent dénoncés au gouvernement par Voltaire.

devoir absolu de marcher constamment dans les voies lumineuses de la vérité. Autrement, il est le fléau du monde, au lieu d'en être la lumière; loin d'être digne d'applaudissements, il ne mérite que des anathèmes.

Que dirait-on des soleils que la main du Tout-Puissant a semés dans l'étendue, s'ils venaient à quitter capricieusement leurs places et répandaient ainsi dans les mondes soumis à leur attraction l'épouvante et le chaos? Que deviendrait la terre, si l'astre du jour, s'éloignant d'elle, amoncelait, sur toute l'étendue de notre planète, les glaces du pôle? ou si, se précipitant vers nous, il consumait dans un vaste incendie les arbres, les plantes, les fleurs, ornement et richesse de notre globe? Ainsi en est-il du monde des esprits.

Le talent impose donc à celui qui en est revêtu de grands devoirs, une sérieuse responsabilité. Dieu qui l'a donné, la société qui doit en recueillir les fruits, ont le droit de faire comparaître devant leur tribunal l'homme qui n'emploie pas au service du bien et de la vérité un privilège si rare et si précieux.

Or, parmi les objets sacrés confiés à la garde et à la défense du génie, il en est qui réclament, à des titres divers, notre dévouement le plus absolu, notre plus inviolable respect. Ce sont Dieu, la Religion, l'Église, la patrie. Dieu, que l'homme adore comme l'auteur tout-puissant de son être, et dont il voit resplendir, en tout ce qui existe, les éternelles perfections. La Religion, qui nous est donnée comme l'infaillible moyen de nous élever jusqu'à Dieu, comme le flambeau de notre vie et notre plus sûre consolation au sein des épreuves semées sur cette terre. L'Église, personnification vivante de la religion, que le chrétien aime et respecte comme une mère, qui le reçoit au seuil de la vie, éclaire son esprit, forme son cœur, guide ses pas, veille avec sollicitude sur ses destinées et ne le quitte qu'après lui avoir ouvert les portes du Ciel. La patrie, enfin, après Dieu et notre foi, le principal objet de notre amour; la patrie pour laquelle nous devons sacrifier intérêts, fortune, santé, vie même.

Voltaire a-t-il aimé, a-t-il servi ces grandes et nobles causes? Il va nous répondre lui-même et tracer, de sa main, sa propre image.

Il écrivait sans cesse à d'Alembert, son plus cher disciple : « Écrasez l'Infâme, » c'est-à-dire l'Église catholique, la religion et, par une conséquence nécessaire, J.-C. lui-même. Ce fut le mot d'ordre habituel du chef des sophistes modernes. Épuisé par la vieillesse et la maladie, il ramassait toutes ses forces pour le redire encore. Aussi d'Alembert, fatigué de cet éternel refrain, répondait-il à son maître : « Écrasez l'Infâme, me répétez-vous sans cesse. Eh ! mon Dieu, laissez-la se précipiter elle-même (1). »

Si Voltaire était, à ce point, préoccupé de détruire le catholicisme, c'est qu'il en avait fait le but principal de sa vie. Saisi d'une haine furieuse contre l'Église et son divin Auteur, il ne cessa de les attaquer avec une violence inouie.

Les moyens lui étaient indifférents. Le mensonge et la calomnie furent ses armes les plus ordinaires. — « Mentez, mentez toujours, disait-il à ses amis, il en restera quelque chose. » Mentez, non pas timidement, mais audacieusement, répétait-il ailleurs. Et personne ne mettait mieux que lui ces instructions en pratique. Il inventa la vie et le testament d'un prétendu prêtre champenois qui disait n'avoir jamais cru en Dieu, et répandit ainsi les blasphèmes qu'il avait composés (2). Les Jésuites, victimes de la plus injuste persécution, avaient, d'après Voltaire, organisé un abominable attentat contre le roi de Portugal, « au nom de la Vierge et de Jésus, consubstantiel au Père (3). » Le P. Malagrida, le plus vénérable de ces religieux, fut, sans le moindre prétexte, accusé par le patriarche des sophistes des plus odieuses infamies.

Cela était ingénieux, parce que l'ennemi de l'Église était persuadé que « les Moines une fois abolis, l'erreur serait exposée au mépris universel (4). » Les Jésuites et

(1) Œuv. de Volt. Imp. de la Société littéraire. Paris, 1784. Tome 68, page 201. Cette édition, faite par les soins de La Harpe, est celle que nous citons dans cette étude.

(2) La vie et le testament du curé Meslier, composés par un adepte de Voltaire, sur les ordres du maître, furent d'abord publiés en Hollande, pour éviter la censure. Le patriarche trouvant ce travail indigeste et lourd, le refit et l'abrégea.

(3) T. 68, p. 89.

(4) T. 65, p. 375.

les Moines n'étaient-ils pas l'intrépide avant-garde de la vérité ?

A la calomnie, Voltaire aimait à joindre le ridicule. Le chef des encyclopédistes savait l'union intime et nécessaire qui existe entre la raison et la foi. La raison, sans la foi, ne peut donner à l'homme la solution de tous les grands problèmes qui l'intéressent; et la foi, privée de son alliée nécessaire, manque, à son tour, de bases indispensables. Aussi l'ennemi rusé du catholicisme, bien loin de chercher à raisonner, se contente de semer, sur ce qu'il veut atteindre de ses coups, le mépris et le ridicule. Il oppose volontiers la raison à la foi, mais il ne s'en sert pas. Il dogmatise ou il ricane; il dogmatise rarement, il ricane presque toujours. C'était la consigne qu'il donnait « à ses frères en Belzébuth. » « Notre nation, disait-il à d'Alembert, ne mérite pas que vous raisonniez beaucoup avec elle; mais c'est la première du monde pour saisir une bonne plaisanterie (5). »

Le passage suivant d'une lettre adressée au roi de Prusse donne une idée assez complète des sentiments de Voltaire, sur le sujet qui nous occupe :

« Vous avez grande raison, Sire, un prince courageux et sage, avec de l'argent, *des troupes*, des lois, peut très-bien gouverner des hommes *sans le secours de la religion, qui n'est faite que pour les tromper ;* mais le *sot peuple* s'en fera bientôt une, et, tant qu'il y aura des fripons et des imbéciles (épithètes gracieuses qui tiennent habituellement lieu de preuves à Voltaire), il y aura des religions. La nôtre est, sans contredit, *la plus ridicule, la plus absurde et la plus sanguinaire qui ait jamais infecté le monde.* V. M. rendra un service éternel au genre humain en détruisant cette infâme superstition, je ne dis pas *chez la canaille, qui n'est pas digne d'être éclairée,* et à qui *tous les jougs sont propres;* je dis chez les honnêtes gens, chez les hommes qui pensent (6). »

Ailleurs, le maître dit à son fidèle disciple : « Je me recommande à Dieu le Père ; car, pour le Fils, vous savez qu'il a aussi peu de crédit à Genève que sa mère (7). »

---

(5) T. 68, p. 174.
(6) T. 65. Lettre à Frédéric, p. 357.
(7) T. 68, p. 84.

Si Voltaire avait peu de respect pour le christianisme et son adorable Fondateur, les Saints lui inspiraient un mépris encore plus profond. St-Ignace de Loyola était, à ses yeux, « un fou et un imbécile (8). » Et parmi les autres amis de Dieu, « il n'y en a pas quatre peut-être, » écrit-il à Catherine II, avec autant de bassesse que d'impiété, « avec qui V. M. eût daigné souper (9). »

Les saints de l'ancien Testament étaient traités comme ceux du nouveau, et David n'était qu'un « abominable Juif, lui et ses Psaumes (10). »

Veut-on savoir quelle place l'apôtre de la tolérance réservait au catholicisme ? Une lettre à d'Alembert nous édifie sur ce grave sujet. « Je voudrais que vous écrasassiez l'Infâme, » répète Voltaire pour la millième fois ; « c'est là le grand point. Il faut la réduire à l'état où elle est en Angleterre, et vous en viendrez à bout, si vous le voulez : c'est le plus grand service qu'on puisse rendre au genre humain (11). » A cette époque, en 1760, l'Angleterre ne reconnaissait aux catholiques d'autres droits que l'amende, la confiscation, l'exil, la prison ou la mort. Les lois cruelles de Guillaume III, qui défendaient, sous peine de haute trahison, l'exercice du culte catholique en Angleterre, ne furent rapportées qu'en 1778. C'est l'idéal vers lequel soupirait ce loup portant la houlette du berger.

Voltaire, il est vrai, n'enseignait pas l'athéisme. « L'athéisme, disait-il, ne peut faire aucun bien. » Les croyances catholiques étaient trop profondément enracinées dans les masses, pour qu'on songeât alors à faire table rase de toute idée surnaturelle. Le patriarche de Ferney jugeait plus prudent de formuler ainsi son court catéchisme : Écraser l'infâme, croire à l'Être-Suprême et vivre en honnête homme.

L'honnête homme du nouveau casuiste pouvait, sans scrupule, pratiquer la morale indépendante. Envers le *sot peuple* ou la *canaille*, M. de Voltaire, comte de Tourney, gentilhomme ordinaire de S. M. le roi de France, était

---

(8) T. 68, p. 383.
(9) T. 67, p. 254.
(10) T. 65, p. 336.
(11) T. 68, p. 120.

quelquefois plus sévère; il pratiquait l'indulgence à l'égard de ce roi de Prusse, auquel il osait écrire :

« Mais pardonnez au lubrique évangile
Du bon Pétrone et souffrez sa gaîté.
Je vous connais, vous semblez difficile ;
Mais vous aimez un peu d'impureté ,
Quand on y joint la pureté du style. »

Il n'est pas plus rigoureux pour le maréchal de Richelieu, qu'il loue plaisamment d'avoir, par ses mœurs plus que galantes, effrayé « les amants et les maris, » non moins que les ennemis de l'État. On n'est pas surpris de le voir écrire au maréchal de Saxe :

« Pour qui sera la volupté ,
S'il faut en priver les grands hommes? »

Ce qui devait, en effet, rendre Voltaire très-facile à cet égard, c'est qu'il affectait de ne pas croire à l'immortalité de l'âme : Je voudrais vous voir, écrivait-il à l'un de ses confidents, « avant d'avoir rendu mon corps et *mon âme* aux quatre éléments (12). »

On l'a dit souvent, et rien n'est plus vrai, le démon cherche instinctivement à singer Dieu. Ne pouvant être, dans sa nature avilie et dégradée, semblable à Celui dont il subit en frémissant la loi, il cherche à parodier les œuvres divines. Et ceux qui ont été, dans le cours des siècles, les principaux instruments de l'ange déchu, ont subi, peut-être sans le savoir, cette étrange direction. Voltaire est sans doute l'homme du ricanement et de la grimace; mais cette tendance de son esprit ne suffit pas à tout expliquer. Voici des accents qui semblent partis de l'enfer :

« J'aime passionnément mes frères en Belzébuth (13). Cher et aimable philosophe (d'Alembert), je vous salue, vous et les frères. La patience soit avec vous. Marchez toujours, en *ricanant*, dans la voie de la vérité. *Dieu m'a fait la grâce de comprendre* que quand on veut rendre les gens ridicules et méprisables, il faut les nicher dans quelque ouvrage qui aille à la postérité. Or, le sujet de Jeanne

(12) T. 68, p. 166.
(13) Ibid., p. 130.

(*la Pucelle*, le plus obscène des romans), étant cher à la nation, et *l'auteur inspiré de Dieu, ayant retouché et achevé ce saint ouvrage avec un zèle pur,* il se flatte que ses derniers neveux siffleront Fréron (14). »

Et ailleurs : « Si vous voyez notre *diaconesse* (Mme du Deffant), *notre sœur en Belzébuth,* dites-lui que je ne sais comment faire pour lui *envoyer des infamies.* Il devient de plus en plus difficile de confier de gros paquets à la poste (15). »

Voltaire écrivait à Catherine II : « Je ne prie jamais que N.-D. de Pétersbourg (l'Impératrice), dont je baise les pieds en toute humilité, avec la plus sincère dévotion (16). »

A la même : « Je n'ai plus qu'un souffle de vie ; je l'emploierai à vous invoquer en mourant comme ma sainte, et la plus grande sainte assurément que le Nord ait jamais portée (17). »

Quoi de plus singulier et de plus instructif ? Ce vieillard, insulteur de Dieu, des Saints et de l'auguste Vicaire du Christ, se traînant, en esprit, aux pieds de la courtisane couronnée et lui offrant l'hommage de son dernier souffle !

Voltaire fut donc l'ennemi déclaré du Dieu des chrétiens; il fit une guerre acharnée à J.-C., à l'Église et à la Religion. Loin de réaliser le rôle sublime que la Providence lui avait assigné, en se faisant le champion illustre et intrépide de la vérité, il prostitua au service de l'erreur et du mal les admirables facultés qu'il avait reçues du Ciel. Pour mieux égarer les esprits, il corrompit les cœurs, et jeta dans la société française les semences les plus funestes ! Son patriotisme et son caractère furent à la hauteur de ses opinions philosophiques et religieuses.

(14) T. 68, p. 146.
(15) Ibid., p. 144.
(16) T. 67. p. 263.
(17) Ibid., p. 244.

III.

Si l'homme s'attache instinctivement aux lieux qui l'ont vu naître ; si, après une longue absence, l'aspect du toit paternel ou du clocher qui abrita son enfance remue les fibres les plus intimes de son cœur jusqu'à remplir ses yeux de douces larmes, quels sentiments n'a-t-il pas pour sa grande patrie ?

La patrie, en effet, c'est le pays des ancêtres, le séjour de la famille, le lieu du foyer ; c'est l'asile qui renferme et qui protège tout ce que nous avons de plus cher au monde. Il y a, entre la patrie et nous, des liens nombreux, étroits, impérissables. Aussi ses joies sont nos joies, ses douleurs nos douleurs. Sa prospérité, sa grandeur, sa puissance sont l'objet de nos vœux les plus ardents. Avec quel enthousiasme nous applaudissons à ses victoires ! Avec quels transports nous nous associons à son bonheur ! Avec quelle consternation nous accueillons ses désastres !

Ce sentiment a sa source dans la nature elle-même, et le vers suivant, qui l'exprime, est devenu vulgaire, à force d'être cité :

A tous les cœurs bien nés que la patrie est chère !

Chose étonnante, Voltaire semble avoir ignoré complètement cette noble et généreuse préoccupation.

« Infâmes *Velches* (18) ! ah ! les monstres! » s'écrie-t-il dans un des moments d'exaspération qui lui étaient habituels. Ce nom de Velches, sobriquet donné aux Français par les habitants d'outre-Rhin, était complaisamment accepté par le correspondant de Frédéric II, et nous le retrouvons souvent sous sa plume. « C'est ainsi, dit-il à d'Alembert, que le bon prêtre, auteur de la tolérance, a dit aux *Velches*, nommés Francs et Français : Mes amis, soyez tolérants. César, *qui vous donna sur les oreilles*, était tolérant. Les Anglais, *qui vous ont toujours battus*, reconnaissent, depuis cent ans, la nécessité de la tolé-

(18) Nous avons adopté, pour ce mot allemand *francisé*, l'orthographe de l'édition de Voltaire que nous avons sous la main.

rance (19). » On voit avec quel plaisir le Seigneur de Ferney rappelle les défaites de la France. « J'aime tout ce qui est grand, écrivait-il à Mme du Deffant, et je suis fâché que les Velches soient si petits. »

L'éloignement de Voltaire pour son pays s'accentue davantage dans une lettre adressée à Catherine II : « Ce sont les Tartares qui sont polis, *et les Français qui sont devenus des Scythes.* Daignez observer, Madame, que je ne suis point *Velche; je suis Suisse,* et si j'étais plus jeune, je me ferais Russe (20). »

Voltaire signait habituellement les lettres datées de Ferney : « le vieux suisse V (21). » Mais il semblait beaucoup plus occupé de la Russie et de la Prusse que de « sa *patrie suisse.*

Dans son enthousiasme pour « sa grande souveraine du Nord, » le vieux suisse écrit à la Czarine : « Ganganelli (le pape Clément XIV) et le grand Lama ne sauraient vous disputer d'être la *première personne du globe.* J'en suis bien fier (22). » Quant au roi de France, il n'en est pas question.

Si Voltaire, à cause de son grand âge, ne put alors se faire Russe, il a du moins été le meilleur des Prussiens. Frédéric II lui donnait, de sa main, ce témoignage de complète satisfaction : « Puisque vous êtes si bon prussien, je crois devoir vous faire part de ce qui se passe ici (23). »

Ce prince, il faut le reconnaître, eût été bien difficile, s'il n'avait été content de *son sujet.* Voltaire, en effet, épuise à l'égard de « son maître » les formules de l'adulation la plus servile. Ce n'est pas à Louis XV, mais à Frédéric que s'adressent ces vers :

   « Mais, Seigneur, après tout, quand vous ne seriez point
       Ce que l'Ecriture appelle oint,
Vous n'en seriez pas moins mon *héros* et mon *maître* (24). »

---

(19) T. 68, p. 289.
(20) T. 67, p. 201.
(21) T. 68, p. 9.
(22) T. 67, p. 241.
(23) T. 65, p. 296.
(24) Ibid., p. 7.

Le besoin de la rime n'est pour rien dans l'expression d'un si parfait dévouement ; car, en prose, le « bon prussien » n'est pas moins explicite. « Mon *roi* (de Prusse) est à Clèves, et moi j'attends ici mon maître » (le même Frédéric) (25). Voltaire est tellement préoccupé de se proclamer fidèle sujet de S. M. Prussienne, que sa pensée en devient obscure.

Toutefois le patron du *Siècle* ne s'est jamais montré ni meilleur prussien, ni plus mauvais français qu'après la bataille de Rosbach. Cette journée, si funeste à la France, loin de faire saigner son cœur, lui inspirait ce quatrain, qui commence une lettre au roi de Prusse :

« Héros du Nord, je savais bien
Que vous avez vu les derrières
Des guerriers du roi très-chrétien,
A qui vous taillez des croupières (26). »

Est-ce assez plat et assez ignoble ? Et quand un « gentilhomme ordinaire de S. M. le roi de France, » s'avilit à ce point, n'est-il pas traître à son pays ?

N'était-on pas en droit de lui appliquer la sentence qu'il portait lui-même ? « Il faut pendre les déserteurs qui combattent contre leur patrie (27) » (lettre à d'Alembert). Il s'agissait, non de soldats, mais d'écrivains : c'est Jean-Jacques Rousseau que son rival jugeait digne de la potence.

Ce sujet si dévoué de la Prusse ne savait plus où s'arrêter. S'il avait eu les clefs de Paris, il les eût remises à « son héros et à son maître. » Il écrivait, de France, à Frédéric :

« Sire, me voilà dans Paris ;
C'est, je crois, votre capitale (28). »

Après cela, on ne s'étonne plus que Voltaire se soit acharné contre l'illustre et sainte bergère de Domrémy. Il était bien naturel que celui qui prodiguait l'encens au

(25) T. 65, p. 34.
(26) Ibid., p. 258.
(27) T. 68, p. 180.
(28) T. 65, p. 112.

vainqueur de Rosbach essayât de couvrir de boue la libé-
ratrice d'Orléans. Il le fit, dans l'odieux et obscène roman
de *la Pucelle*, qu'il est impossible à tout lecteur honnête
de ne pas jeter avec dégoût. La patrie, l'histoire, la religion, la morale, le bon sens et le bon goût y sont outragés
avec une égale audace. Un seul mot rendra l'impression
qu'on éprouve en ouvrant ces pages immondes : on croit
voir l'auteur se plonger à plaisir dans les plus révoltantes
saletés et montrer, de temps en temps, sa face grimaçante
et souillée. Mais ce conte infâme n'a pu ternir la figure
glorieuse de Jeanne d'Arc, aujourd'hui plus radieuse et
plus populaire que jamais ; il a seulement couvert d'un
opprobre immortel la main vile et méprisable qui l'a
tracé (28 bis).

Nous avons le droit de conclure que Voltaire, sujet
dévoué de la Russie et de la Prusse, renia complètement
son pays et son souverain.

IV.

Les trahisons de Voltaire à l'égard de son pays cadrent
parfaitement avec son caractère.

Le roi de Prusse, qui le connaissait à fond, lui disait
un jour la vérité sur ce sujet : « Je sais bien, écrivait ce
prince, que je vous ai idolâtré, tant que je ne vous ai cru
ni tracassier, ni *méchant* ; mais vous m'avez joué des tours
de tant d'espèces (29) ! »

La méchanceté, tel est, en effet, le trait le plus saillant
de cette odieuse physionomie.

(28 bis) Voltaire lui-même ne jugeait pas *la Pucelle* moins
sévèrement que nous : « Vous connaissez Jeanne, cette brave
Pucelle d'Orléans, qui nous amusait tant. Cette Pucelle, *faite
pour être enfermée sous cent clés*, m'a été volée. Ce grand flan-
drin de Trano̧s ..... a livré mon sérail au prince Henri. Mais
si on fait une seconde copie, *où me cacher ?* Ma barbe devient
fort grise ; ce poëme de *la Pucelle* jure avec mon âge et le
siècle de Louis XIV. » (Lettre à Mme Denis. T. 54, p. 294).

(29) T. 65, p. 296.

On sait que pour empêcher plus sûrement Fréron d'être le correspondant de Frédéric, Voltaire accusa cet écrivain d'avoir, en punition de crimes horribles et imaginaires, subi la peine infamante des galères. Maupertuis fut également l'objet des plus noires calomnies, ce qui valut à leur auteur les reproches amers et mérités du roi.

Mille passages de la correspondance de Voltaire confirment d'ailleurs notre assertion. Le patriarche écrivait à d'Alembert : « Il faut faire la guerre et mourir noblement. »

« Sur un tas de bigots immolés à ses pieds (30). »

Le passage suivant est du même style :

« Il est beau de savoir railler
Ces arlequins faiseurs de bulles ;
J'aime à les rendre ridicules ;
J'aimerais mieux les dépouiller (31). »

Le patriarche dit ailleurs : « Je les ai chassés sans bruit (les Jésuites) : je n'ai eu que la moitié du plaisir (32). »

Dans une lettre au comte d'Argental, il est encore plus net : « Les Jésuites et les Jansénistes continuent à se déchirer à belles dents ; il faudrait tirer à balle sur eux, tandis qu'ils se mordent. »

Ceci s'accorde parfaitement avec le désir exprimé par l'ami de la tolérance, de voir la législation draconienne d'Angleterre appliquée, en France, aux catholiques.

La moindre critique de ses ouvrages, même la plus légitime, mettait le philosophe en furie. Il épuisait alors le vocabulaire des halles pour accabler d'injures ceux qui osaient méconnaître son génie. Il les appelait tour à tour « une troupe de convulsionnaires, la canaille de la littérature, des bêtes puantes, des esprits absurdes et méchants, de superstitieux coquins, des sauvages et des fous, des chiens enragés, d'infâmes fripons, des polissons, des scélérats audacieux, des énergumènes de la pire espèce. »

---

(30) T. 68, p. 163.
(31) T. 65, p. 406.
(32) T. 68, p. 163.

Quand le vieux Suisse était de bonne humeur, il se contentait de traiter ses contradicteurs de « magots, d'idiots et de maroufles (33). »

Les passages qui suivent édifieront nos lecteurs sur les procédés du poète-chambellan à l'égard de ses adversaires.

. . . .

« Le *vil* objet de ta vengeance
Sous ta verge me fait pitié.
Il ne faut pas tant de courage
Pour se battre contre un poltron,
Ni pour écraser un Fréron
Dont le nom seul est un outrage.
Un passant donne au *polisson*
Un coup de fouet sur le visage :
Ce n'est que de cette façon
Qu'on corrige un tel personnage,
S'il pouvait être corrigé,
'Mais on le *hue*, on le *bafoue*,
On l'a mille fois *fustigé ;*
Il se carre encor dans la boue.
Dans le mépris il est plongé,
Sur chaque théâtre on le joue.
Ne suis-je pas assez vengé (34) ? »

Joignant le précepte à l'exemple, le maître ajoutait : « Quant aux courtisans de Pompignan et de Fréron, il n'est pas mal de plonger le *museau* de ces gens-là dans le *bourbier* de leurs maîtres (35). » Il écrivait aussi : « Confondez donc ce *maraud* de Crévier ; *f. cet âne qui brait et qui rue.* » Rousseau n'était pas mieux traité que les Jésuites.

« Qu'il (Jean-Jacques) ait ajouté à *l'impertinence* de ses lettres *l'infamie* de cabales avec des pédants sociniens ;.... qu'il ait voulu par cette indigne manœuvre se préparer un retour triomphant *dans ses rues basses,* c'est l'action d'un *coquin ;* je ne le pardonnerai jamais. J'aurais tâché de me

---

(33) Œuv. de Volt. passim.
(34) T. 13, p. 201.
(35) T. 68, p. 158.

venger de Platon, s'il m'avait joué un pareil tour, à plus forte raison, du *laquais* de Diogène. L'auteur de la nouvelle Aloïsia n'est qu'un *polisson malfaisant* (36). »

Plus loin, M. de Ferney, transporté d'indignation, appelle Jean-Jacques « Jean-f... (37). » « Frère Berthier et frère Larrivée, » jésuites, ne sont pas aussi grossièrement insultés, quoiqu'ils « se mêlent d'être persécuteurs de l'Encyclopédie. »

A la méchanceté, Voltaire joignait un orgueil insupportable et une vanité ridicule.

S'imaginant être le rival du grand Corneille, il se plut à rabaisser le mérite et la gloire du plus sublime de nos poètes. Une demoiselle Corneille, qu'on disait être la petite nièce de l'illustre tragique, avait été recueillie avec ostentation à Ferney, et toute la Secte avait célébré avec enthousiasme la munificence de son chef. Cette jeune fille fut formée au rôle de tragédienne, et réussit assez « pour m'amuser bien plus, disait Voltaire, que toutes les pièces de son oncle (38). » « Pour son oncle (Pierre Corneille), le *rabâcheur* et le *déclamateur*, écrivait-il à d'Alembert, M. de Bernis dit que je suis trop bon et que je l'épargne (39). »

« Quoi ! ajoutait-il, Meslier, en mourant, aura pu dire ce qu'il pense de Jésus, et je ne dirai pas la vérité sur vingt détestables pièces de *Pierre*, et sur les défauts sensibles des bonnes ! »

Que dire de sa vanité ? Jamais duc et pair ne se fit traiter avec plus de cérémonie que François Arouet. Ses serfs, car le patron des démocrates eut des serfs jusqu'à la fin de sa vie, étaient admis à lui présenter, dans certaines circonstances solennelles, leurs très-humbles hommages. On tirait le canon pour la fête du seigneur de Ferney, qui daignait donner lui-même à ses amis des détails circonstanciés sur les honneurs dont il était l'objet. Il ne perdait pas l'occasion de recevoir l'encens, à sa paroisse, en présence de ses vassaux : ce fut souvent le motif principal de sa présence à l'église. D'ailleurs, il portait avec une osten-

---

(36) T. 68, p. 163.
(37) Ibid., p. 180.
(38) Ibid., p. 190.
(39) Ibid., p. 192.

tation ridicule le titre de gentilhomme ordinaire du roi de France.

Mais cet orgueil et cette vanité savaient s'humilier jusqu'à terre devant les puissances du jour.

Le comte Orloff, favori de Catherine II, était allé à la chasse après s'être fait inoculer. L'impératrice le mande à Voltaire. Celui-ci, transporté d'admiration pour un si grand exploit, s'écrie qu'Orloff est tout simplement un nouveau Scipion. « Voilà, dit-il, comme Scipion en aurait usé, si cette maladie avait existé de son temps (40). »

Quant à S. M. I., Voltaire retenu par le plus profond respect n'ose lui baiser les mains « qu'on dit être les plus belles du monde ; » il se contente de lui baiser, « en toute humilité, » les pieds « plus blancs que les neiges de la Russie. »

Pour mieux faire sa cour à « sa grande souveraine russe, » le français transfuge insulte grossièrement l'ennemi de la Czarine. « Je n'écris point par cette poste à Moustapha (le sultan) ; il n'y a pas moyen de parler à ce *gros cochon,* quand on peut s'adresser à l'héroïne du siècle (41). »

Non content d'injurier le Grand-Turc, l'infatigable courtisan de Catherine applaudit avec un pieux transport au massacre des Ottomans : « V. M. I., s'écrie-t-il, me rend la vie en tuant des Turcs. Dieu et vos troupes victorieuses m'avaient donc exaucé, quand je chantais : « *Te Catharinam laudamus, te dominam confitemur* (42). »

Et de peur que son admiration ne semble pas assez dévouée, Voltaire ajoute : « Ce n'est pas à moitié que je suis l'*adorateur* de V. M. I., c'est avec la ferveur de l'enthousiasme ; qu'elle pardonne ma *rage* à mon profond respect (43). »

Il fallait de la *rage,* en effet, pour écrire : « C'est dans le Nord que tous les arts fleurissent aujourd'hui. C'est là... qu'on partage des provinces d'un trait de plume, qu'on dissipe des confédérations et des Sénats, en deux jours, et

---

(40) T. 67, p. 37.
(41) Ibid., p. 201.
(42) Ibid., p. 53.
(43) Ibid., p. 278.

qu'on se moque surtout très plaisamment des confédérés et de leur Notre-Dame (*). »

Mais de quoi n'était pas capable la plume qui traçait ces ligues ? « Si je mourais en chemin, (en allant à St-Péters-bourg), je ferais mettre sur mon petit tombeau : Ci-gît l'admirateur de l'auguste Catherine, qui a *eu l'honneur de mourir* en allant lui présenter son profond respect (44). » Quel courtisan oriental sut multiplier avec autant d'art l'encens, les génuflexions et les plus humbles prosterne-ments ?

Toutefois, le roi de Prusse n'avait pas lieu d'être jaloux. Voltaire rampait avec un servilisme encore plus abject devant « son héros et son maître. » « Après vous être conduit à la bataille du 18, écrivait-il à Frédéric, comme le prince de Condé à Séneff, vous avez agi dans tout le reste, en Turenne. » Notez qu'il s'agit ici de la campagne qui aboutit à Rosbach (45).

« Vous avez battu Neipperg (général autrichien) et Vol-taire, disait-il dans une autre circonstance, V. M. devrait mettre dans ses lettres des feuilles de laurier (46). » Il disait ailleurs : « David était un juif abominable.... Je connais un roi plus puissant et plus généreux, qui à mon gré fait de meilleurs vers (47). »

Parfois le flatteur fait oublier l'homme de talent. Le patriarche ose écrire au roi : « Je croyais que nous n'a-vions qu'une âme. Vous en possédez *trente* (48). »

N'est-ce pas le comble du ridicule, et fallait-il avoir tant d'esprit pour tomber dans des platitudes dignes de cham-bellans chinois ?

Si du moins cette admiration eût été sincère, sans cesser d'être ridicule elle serait moins méprisable. Mais il est im-possible de se faire illusion à cet égard; Voltaire dit fran-chement à d'Alembert : « Mon cher philosophe, vous vous déclarez *l'ennemi des grands et de leurs flatteurs,* et *vous*

---

(44) T. 67, p. 49.
(45) T. 65, p. 253.
(46) Ibid., p. 68.
(47) Ibid., p. 336.
(48) Ibid., p. 7.

(*) N.-D. de Czenstockowa, vénérée dans un des plus ‘lèbres sanctuaires de Pologne.

avez raison; mais ces grands protégent dans l'occasion ; ils peuvent faire du bien (49). »

Voilà le secret mobile de tant de bassesses.

D'ailleurs, Voltaire, dans ses lettres intimes à Mme Denis, sa nièce, jugeait le roi de Prusse d'une façon qui contraste singulièrement avec ses éloges de courtisan : « Sérieusement cela serre le cœur, écrivait-il de Berlin, en décembre 1752. Tout ce que j'ai vu est-il possible ?... Dire à un homme les choses les plus tendres et écrire contre lui des brochures ! et quelles brochures ! Arracher un homme à sa patrie par les promesses les plus sacrées *et le maltraiter avec la malice la plus noire !*.... Et c'est là l'homme que j'ai cru philosophe ! et je l'ai appelé le Salomon du Nord ! (Il l'avait encore appelé Trajan, Marc-Aurèle, Alexandre, César, etc.) Vous vous souvenez de cette belle lettre qui ne vous a jamais rassurée : Vous êtes philosophe, disait-il, je le suis aussi. Ma foi, Sire, nous ne le sommes ni l'un ni l'autre. » Ce dernier trait est admirable d'à-propos et de vérité.

Au reste, Voltaire ne se piquait ni de dignité, ni de sincérité. Qui ne connaît son hypocrisie ? Menacé par la police comme insulteur de la religion et corrupteur de la morale publique, il communiait avec ostentation, puis, nouveau tartufe, il se moquait lui-même de ses démonstrations affectées de foi chrétienne. Il eut l'audace de dédier au Pape Benoît XIV sa tragédie de Mahomet, interdite à Paris comme hostile au catholicisme. Plus tard, il mandait à d'Alembert que « le marquis Albergatti, neveu de Clément XIII, était chargé d'assurer à S. Sainteté que M. de Voltaire était « catholique romain et fidèle sujet du roi de France. Je me fais encenser tous les dimanches, continuait-il ; j'édifie tout le clergé, et, dans peu, l'on verra bien autre chose (50). » Il s'agissait sans doute de la communion qu'il fit à Ferney, après avoir rédigé et signé par devant notaire la déclaration suivante : « François de Voltaire, gentilhomme de la chambre du Roi, doit à la vérité, à son honneur et à *sa piété* de déclarer que jamais il n'a cessé de *respecter* et de *pratiquer* la religion catholique professée dans le royaume ; qu'il pardonne à ses

(49) T. 68, p. 166.
(50) Ibid., p. 146.

calomniateurs ; que si jamais il lui était échappé quelque indiscrétion préjudiciable à la religion et à l'Etat, il en demande pardon à Dieu et à l'Etat, et qu'il a vécu et veut mourir dans l'observance de toutes les lois du royaume et dans la religion catholique. »

. La haine déployée par Voltaire contre la vérité n'était même pas sincère, car il ne parvint jamais à dissiper tout à fait ses doutes sur la religion. Plongé, dès son enfance, dans la plus pure lumière de la foi, instruit par de pieux et habiles maîtres, il ne put éteindre complètement le flambeau divin qui avait d'abord éclairé son esprit. Quand une première maladie le mit aux portes du tombeau, il réclama tous les secours de la religion, et si ses amis ne l'avaient entouré à sa mort, il eût encore « fait le plongeon. »

Il y a, dans le caractère de cet homme fameux, d'autres côtés qui ne sont ni plus beaux, ni moins ridicules. Sa nièce, Mme Denis, lui reprochait sa cupidité dans un style où l'énergie fait oublier l'incorrection : « L'avarice vous *poignarde*, » lui disait-elle. Elle savait que son oncle, après avoir vendu ses ouvrages à des éditeurs hollandais, les revendait à des libraires français, et obtenait du gouvernement l'interdiction, en France, des éditions étrangères. A Postdam, elle avait été témoin de toutes les bassesses de Voltaire, faisant porter au marché les bougies et le café qui lui étaient alloués pendant son séjour près du roi. Elle n'ignorait pas que « l'ami de l'humanité souffrante » avait fait de beaux profits dans la traite des nègres, et que le déclamateur philanthrope se gardait bien d'affranchir ses serfs. De quelque côté qu'on envisage cette figure de Voltaire, on n'y trouve rien qui ne soit odieux ou comique.

D'autres écrivains ont subi l'entraînement des hommes ou des circonstances; Voltaire n'a, sous ce rapport, aucune excuse. Il agissait froidement, avec obstination, ayant toujours en vue le but qu'il se proposait : tromper et corrompre. Personne ne voyait plus clairement que lui le résultat de son œuvre. Il disait tout haut qu'il répandait au loin la lumière, et, tout bas, il écrivait à d'Alembert : « S'il y a peu de Socrates en France, il y a trop d'Anitus et de Mélitus, et surtout trop de sots; mais je veux faire comme Dieu qui pardonnait à Sodôme en faveur de cinq justes (51). »

Ses confidences à La Harpe vers la fin de sa vie, en 1777, étaient encore plus explicites : « J'ai peur, disait-il, que vous ne soyez dégoûté vous-même de cette impertinente arène, dans laquelle on est jugé par la *plus effrénée canaille* (le peuple de Paris) *qui ne veut plus que des pièces qui lui ressemblent.* Il me semble que notre chère nation tourne furieusement, depuis quelques années, *à l'opprobre et au ridicule,* en plus d'un genre. J'ai vu le siècle d'Auguste, et je suis déjà dans le Bas-Empire (52). » Il écrivait à d'Alembert, sur le même sujet : « Ah ! quel siècle ! quel pauvre siècle ! (53). »

Le grand coupable n'était-il pas celui qui donnait pour instructions à son principal adepte ? « On m'a dit que vous travaillez à votre grand ouvrage ; si vous mettez votre nom, vous n'oserez dire la vérité ; je voudrais que vous fussiez *un peu fripon* (54). » Et encore : « Frappez et cachez votre main. On vous reconnaîtra, mais vous ne serez pas convaincu (55). »

Est-ce ainsi qu'on élève les esprits et les caractères? Et faut-il s'étonner de voir des abîmes sous ses pas, lorsqu'on a passé toute une longue vie à les creuser? (*)

Maintenant Voltaire nous est connu. Traître à sa foi comme à son pays, il se laissa dominer par les passions les plus viles : la cupidité, l'hypocrisie, la bassesse, l'envie, l'orgueil, la méchanceté, se disputèrent son cœur. Son talent et son influence ne servirent qu'à l'erreur et au mal. Au lieu d'être la lumière de son siècle et la gloire de son pays, il en fut l'opprobre et le fléau. Son impiété même *écrasa son talent;* rivé à la terre, il ne put jamais déployer ses ailes et prendre vers les cieux le vol sublime du génie.

---

(51) T. 68, p. 7.
(52) T. 63, p. 434.
(53) T. 68, p. 89.
(54) Ibid., p. 301.
(55) Ibid., p. 166.
(*) On se demande s'il y a lieu de jamais prendre au sérieux le vieillard qui peut écrire : « Il faut que vous me fassiez un plaisir essentiel; je veux finir ma vie par le supplice que demandait Arlequin : il voulait mourir de rire. » (A d'Alembert, T. 65, p. 130).

V.

Et cependant le *Siècle* réclame, à grands cris, une statue pour Voltaire ! Il prétend « *qu'à travers Paris, on cherche en vain l'effigie du grand homme.* » Le *Siècle* a mal cherché ; la capitale possède au moins trois *statues* de Voltaire, dont *l'effigie* ricane au Louvre, à l'Hôtel-de-Ville et au Théâtre-Français. Les Parisiens ne doivent rien de plus à celui qui les traitait si gracieusement de « coqs-d'Inde, de perroquets, d'effrénée canaille, » et qui s'écriait : « que Paris est encore bête (56) ! »

A qui veut-on élever la quatrième *effigie ?* Au vil flatteur de Frédéric et de Catherine, au Français qui chanta si gaiement les défaites de son pays, à l'envieux détracteur du grand Corneille, au communiant hypocrite, au philosophe tolérant qui jugeait Rousseau digne de la potence, à l'infàme auteur de *la Pucelle*, à l'insulteur du peuple auquel il réservait, « comme aux bœufs, l'aiguillon et le foin ? »

Est-ce que le *Siècle* professerait les mêmes idées et suivrait les mêmes tendances ? Nous savions jusqu'ici que le Moniteur des cabarets enseigne et professe la morale indépendante ; sa clientèle lui en fait un devoir impérieux ; mais nous aurions cru le calomnier en lui prêtant, à l'égard du peuple, le mépris si formel et si connu de Voltaire. Quoi ! le contempteur du *sot peuple*, l'ami des grands seigneurs, l'infatigable courtisan des souverains étrangers est le patron du *Siècle !* M. Havin pouvait-il se fourvoyer d'une façon plus comique ?

Le directeur du journal démocratique serait-il disposé à chanter, comme Voltaire, les défaites de la France, et à porter, comme le fidèle sujet de Frédéric, la clef de chambellan prussien (57) ? Lorsqu'on professe une admiration si vive pour un héros, on doit se faire gloire de l'imiter.

Il y a d'ailleurs peu de rapports entre le patriarche de Ferney et celui de Torigny-sur-Vire. La prose lourde, empâtée, emphatique, obscure qui remplit, aux jours solen-

(56) T. 68, p. 71.
(57) Peu de temps après son arrivée à Berlin, Voltaire annonçait avec empressement à sa nièce que Frédéric le faisait chambellan et lui donnait un des ordres royaux, avec 20,000 livres de pension.

nels, les colonnes du *Siècle* n'a rien de commun avec le style de Voltaire. Est-ce que M. Havin n'aurait jamais lu François Arouet ? La tournure du grand homme de la rue du Croissant ne rappelle non plus en rien celle du seigneur comte de Tourney. Sans doute, M. Havin n'a pas l'air trop plébéien avec son habit brodé, son chapeau galonné, ses culottes courtes, ses bas de soie, ses souliers à boucles d'or. Voltaire allant saluer, à Versailles, Mme de Pompadour (58), sa protectrice dévouée, avait à peu près le même costume. Mais que ses pirouettes ressemblaient peu à celles de M. Havin! Il avait bien meilleure grâce et plus grand air.

Aussi n'est-ce pas une admiration platonique pour le « porte-flambeau » du dix-huitième siècle qui inspire cette réclame. Personne ne l'ignore plus aujourd'hui : le million de lecteurs se fond tous les jours ; cette affreuse petite presse dévore la grosse. Comment rappeler à soi l'intérêt et l'attention du public ? En élevant la quatrième statue de de Voltaire. On recueillera dix sous pour le « grand homme, » et peut-être un abonnement pour M. Havin.

Déjà le Don Quichotte italien, l'ermite éclopé de Caprera, toujours battu et toujours triomphant, a souscrit à cette œuvre patriotique. L'auteur des Orientales, cet ange déchu, qui maintenant triste et morne, n'adore plus que le destin et la fatalité, vient aussi d'envoyer ses cinquante centimes. Mais il ne saurait détruire le *monument* qu'il éleva, dans ses jours de gloire et de génie, au corrupteur de la France. Voici cette belle page, où brille le sombre éclat d'une toile de Vélasquez :

« Plein de ces chants honteux, dégoût de la mémoire,
Un vieux livre est là haut, sur une vieille armoire,
Par quelque vil passant dans cette ombre oublié,
Roman du dernier siècle, œuvre d'ignominie :
Voltaire alors régnait, ce *singe* de génie,
Chez l'homme, en mission, par le diable envoyé.

Époque qui gardas, de vin, de sang rougie,
Même en agonisant, l'allure de l'orgie,
O dix-huitième siècle impie et châtié,
Société sans Dieu, qui par Dieu fut frappée,
Qui brisant, sous la hache, et le sceptre et l'épée,
Jeune, offensas l'amour et, vieille, la pitié.

---

(58) « Mme de Pompadour semblait faite pour protéger l'Encyclopédie. » Voltaire à d'Alembert. T. 68., p. 71.

Table d'un long festin qu'un échafaud termine,
Monde, aveugle pour Christ, que Satan illumine,
Honte à tes écrivains devant les nations :
L'ombre de tes forfaits est dans leur renommée,
Comme d'une chaudière il sort une fumée,
Leur sombre gloire sort des révolutions.

Frêle barque assoupie à quelques pas du gouffre,
Prends garde, enfant, cœur tendre où rien encor ne souffre,
O pauvre fille d'Éve ! ô pauvre jeune esprit !
Voltaire, le serpent, le doute, l'ironie,
Voltaire est dans un coin de ta chambre bénie ;
Avec son œil de flamme, il t'espionne et rit :

Oh ! tremble ! ce sophiste a sondé bien des fanges ;
Oh ! tremble ! ce faux sage a perdu bien des anges.
Ce démon, noir milan, fond sur les cœurs pieux
Et les brise, et souvent, sous ses griffes cruelles,
Plume à plume j'ai vu tomber ces blanches ailes,
Qui font qu'une âme vole et s'enfuit dans les Cieux (59). »

En lisant ces vers admirables, on ne peut s'empêcher
de redire le mot d'un autre grand poète :

« Comment en un plomb vil l'or pur s'est-il changé ? »

Mais il existe une autre statue de Voltaire, sculptée
d'une main plus ferme, sinon plus puissante. Écoutons
l'illustre écrivain :

« N'avez-vous jamais remarqué, dit Joseph de Maistre,
que l'anathème divin fut écrit sur son visage? Après tant
d'années, il est encore temps d'en faire l'expérience. Al-
lez contempler sa figure au palais de l'Ermitage; jamais
je ne la regarde sans me féliciter de ce qu'elle ne nous
a point été transmise par quelque ciseau héritier des Grecs,
qui aurait su peut-être y répandre un certain beau idéal.
Ici. tout est naturel. Il y a autant de vérité dans cette tête
qu'il y en aurait sur un plâtre pris sur un cadavre. Voyez
ce front abject que la pudeur ne colora jamais, ces deux
cratères éteints où semblent bouillonner encore la luxure
et la haine. Cette bouche, — je dis mal peut-être, mais ce
n'est pas ma faute, — ce rictus épouvantable, courant
d'une oreille à l'autre, et ces lèvres pincées par la cruelle

---

(59) V. Hugo. — Regard jeté dans une mansarde.

malice comme un ressort prêt à se détendre pour lancer le blasphème et le sarcasme.

» Le grand crime de Voltaire est l'abus du talent et la prostitution réfléchie d'un génie créé pour célébrer Dieu et la vertu. Il ne saurait alléguer, comme tant d'autres, la jeunesse, l'inconsidération, l'entraînement des passions, et, pour terminer enfin, la triste faiblesse de notre nature. Rien ne l'absout : sa corruption est d'un genre qui n'appartient qu'à lui; elle s'enracine dans les dernières fibres de son cœur et se fortifie de toutes les forces de son entendement. Toujours alliée au sacrilège, elle brave Dieu, en perdant les hommes. Avec une fureur qui n'a pas d'exemple, cet insolent blasphémateur en vient à se déclarer l'ennemi personnel du Sauveur des hommes. Il ose, du fond de son néant, lui donner un nom ridicule. et cette Loi adorable que l'Homme-Dieu apporta sur la terre, il l'appelle l'*Infâme*. Abandonné de Dieu, qui punit en se retirant, il ne connaît plus de frein. D'autres cyniques étonnèrent la vertu. Voltaire étonne le vice. Il se plonge dans la fange, il s'y roule, il s'en abreuve; il livre son imagination à l'enthousiasme de l'enfer qui lui prête toutes ses forces pour le traîner jusqu'aux limites du mal. Il invente des prodiges, des monstres qui font pâlir. Paris le couronne, Sodôme l'eût banni ! »

» Profanateur effronté de la langue universelle et de ses plus grands noms, le dernier des hommes après ceux qui l'aiment ! (60) »

Est-ce que cette statue ne suffit pas *à M. Havin?* On aurait beau reproduire sur le marbre ou l'airain les traits de son héros, ils ne seront ni plus vrais, ni plus sûrs de l'immortalité.

Les réclames du *Siècle* n'y feront rien, et la prédiction de Rousseau se réalisera de plus en plus : « Nos neveux détesteront sa mémoire (de Voltaire), et il en sera maudit. »

(60) J. de Maistre. — Soirées de St-Pétersbourg.

DAX. — IMPRIMERIE DE MARCEL HERBET.

www.ingramcontent.com/pod-product-compliance
Lightning Source LLC
Chambersburg PA
CBHW060751280326
41934CB00010B/2439